DEUX PRÊTRES DE CHALONS

VIE ET MORT

DE M. ROUSSEL,

SUPÉRIEUR DU GRAND-SÉMINAIRE,

ET DE M. BÉGIN,

CHANOINE TITULAIRE DE LA CATHÉDRALE,

SUIVIES D'UNE NOTICE

SUR M. ROLLIN, ANCIEN SUPÉRIEUR DU PETIT ET DU GRAND SÉMINAIRE.

Conserver la couverture

CHALONS-SUR-MARNE

IMPRIMERIE T. MARTIN, PLACE DU MARCHÉ-AU-BLÉ, 50.

1880

DEUX PRÊTRES DE CHALONS.

DEUX PRÊTRES DE CHALONS

VIE ET MORT

DE M. ROUSSEL,

SUPÉRIEUR DU GRAND-SÉMINAIRE,

ET DE M. BÉGIN,

CHANOINE TITULAIRE DE LA CATHÉDRALE,

SUIVIES D'UNE NOTICE

SUR M. ROLLIN, ANCIEN SUPÉRIEUR DU PETIT ET DU GRAND SÉMINAIRE

CHALONS-SUR-MARNE

IMPRIMERIE T. MARTIN, PLACE DU MARCHÉ-AU-BLÉ, 50.

1880

L'Eglise de Châlons a perdu, dans l'espace de quelques jours, deux de ses prêtres les plus distingués et les plus dévoués.

Après une longue et douloureuse maladie, M. l'abbé Roussel, supérieur du Grand Séminaire, a rendu paisiblement son âme à Dieu, le lundi 10 mai 1880, à l'âge de soixante-dix ans ; et le dimanche suivant, fête de la Pentecôte, mourait saintement un vénérable vieillard de 81 ans, M. l'abbé Bégin, chanoine titulaire de la Cathédrale et aumônier de l'Adoration réparatrice de Châlons.

A une époque où la religion est si souvent outragée et ses ministres offerts aux populations sous des traits mensongers et calomnieux, il a semblé utile de mettre sous les yeux du public la vie et la mort de M. Roussel et de M. Bégin. Nous offrons deux portraits dont la vérité et l'exacte ressemblance seront constatées par ceux qui les ont connus.

Nous voudrions rappeler à ceux qui l'oublient, les vertus de dévouement, de générosité, d'abnégation, que la religion inspire, montrer comment elle trempe les âmes, forme les caractères énergiques, et fixe dans le respect et l'admiration, la mémoire des hommes qui ont accepté les enseignements catholiques et pratiqué les vertus sacerdotales.

Si on lit ces pages, on comprendra difficilement comment le clergé, dont de tels maîtres ont été les formateurs et les modèles, peut être ce que l'on dit quelquefois, l'ennemi de la société, quelle que soit d'ailleurs la forme des gouvernements.

Le sacerdoce trouvera, dans des prêtres semblables à MM. Roussel et Bégin, des exemples à imiter ; les chrétiens des guides à suivre, et les habitants de nos contrées des compatriotes et des contemporains qui honorent une ville et un diocèse.

VIE ET MORT

DE M. ROUSSEL,

SUPÉRIEUR DU GRAND SÉMINAIRE,

ET DE M. BÉGIN,

CHANOINE TITULAIRE DE LA CATHÉDRALE.

Les obsèques de M. Roussel ont été célébrées le jeudi 13 mai, au milieu d'un concours recueilli de prêtres et de fidèles.

Par privilège de Mgr de Prilly accordé à MM. les Directeurs des Séminaires, le service religieux se fit à la Chapelle du Grand Séminaire. Cette maison ordinairement animée par le mouvement et le bruit, inséparables de la jeunesse, était depuis plusieurs jours plongée dans le silence et dans le deuil : toutefois, dès qu'on y était entré on éprouvait une impression de paix et de confiance. Ces sentiments qui se lisaient sur tous les visages étaient vite partagés par tous ceux qui arrivaient.

La tendresse filiale des jeunes lévites avait placé dans le lieu saint un décor d'une simplicité éloquente et pleine de distinction. La foi a des inspirations qui échappent à l'art du décorateur. La barette, le simple rochet de M. Roussel, l'étole qu'il portait dans les cérémonies, insignes d'un ministère si bien rempli, en rappelant le saint prêtre, le confesseur, le consolateur des âmes, suffisaient à symboliser à la fois les regrets et les espérances.

Ce furent aussi les élèves du regretté défunt qui se chargèrent du chant des funérailles. Ils exécutèrent une messe en plain-chant, avec quelques motets parfaitement choisis. Il y avait dans la voix de ces jeunes gens qui pleuraient leur père, un accent à la fois triste et doux, une expression dont les assistants furent profondément émus.

Le service de M. l'abbé Bégin fut célébré le mercredi 19 mai, dans l'église Cathédrale, conformément à l'usage suivi pour les chanoines.

Monseigneur l'Evêque voulut honorer une dernière fois ces deux collaborateurs zélés; il assistait à l'office, et il récita les prières de l'absoute.

Il voulut aussi se faire l'interprète des regrets universels.

Puisque nous nous proposons de rappeler la vie et la mort de ces deux bons serviteurs de Dieu et de l'Eglise, nous ne pouvons mieux faire que de reproduire les deux discours, dans lesquels le premier pasteur du Diocèse a peint l'un après l'autre M. Roussel et M. Bégin, dont il connaissait et appréciait la vie et les rares vertus.

Nous nous sommes permis d'ajouter quelques notes explicatives et justificatives.

DISCOURS

PRONONCÉ PAR Mgr MEIGNAN AUX OBSÈQUES

DE M. L'ABBÉ ROUSSEL.

MESSIEURS,

Dans ce simple épanchement de ma douleur, je n'essaierai point de mesurer la profondeur ni l'étendue de la perte que nous avons faite dans la personne du vénérable Modeste-Théodore ROUSSEL, ancien curé de Hans, ancien doyen de Suippes et d'Heiltz-le-Maurupt, Supérieur du Grand Séminaire, Vicaire général honoraire de mon Diocèse et membre du conseil épiscopal.

Jeunes élèves du sanctuaire, vous avez perdu un père ; pasteurs des âmes, un exemple de vie sacerdotale ; chrétiens, un guide et un modèle ; et Nous, Évêque de ce Diocèse, un conseiller prudent et fidèle. L'expérience de ce maître, les leçons de ce pasteur accompli, les lumières de ce sage esprit nous sont enlevées à la veille d'événements dont la gravité n'échappe à personne, c'est-à-dire au moment où nous en avions le plus besoin.

Je ne viens pas déposer sur cette froide dépouille une couronne de louanges même les mieux méritées : M. l'abbé Roussel n'a jamais goûté les éloges des hommes ; il n'ambitionnait que le bon témoignage de la conscience et le mérite devant Dieu. Que valent les incertains jugements de la terre au jour où la mort y substitue les jugements infaillibles du Ciel ?

Je veux seulement, en soulageant ma douleur, dégager de la vie de M. Roussel de grands exemples de vertu.

On burine sur le bronze des monuments funèbres les beaux faits des grands capitaines ; pour moi, je voudrais graver dans vos cœurs la mémoire de trois vertus dans lesquelles M. Roussel a excellé : la modestie, le dévouement et l'esprit de foi.

I

Préparé par une providence attentive à la mission sacerdotale que Dieu lui réservait, il fut formé à la vertu par une honnête et laborieuse famille de Possesse, et il eut l'inappréciable avantage de trouver auprès des auteurs de ses jours, non-seulement les leçons des sages paroles, mais celles des exemples, les seules vraiment efficaces.

Il eut plus tard un autre bonheur. Il fut placé au Petit et au Grand Séminaire de Châlons, sous la direction de deux maîtres renommés par leur habileté à former l'esprit et le cœur de la jeunesse. On reconnaît encore, au milieu du clergé distingué de ce Diocèse les survivants de leurs élèves : Les enfants d'une même famille se ressemblent souvent. La famille sacerdotale de M. Rollin, pour ne parler que de ce dernier, portait des signes particuliers et comme une empreinte paternelle (1).

A une tenue d'une dignité caractéristique, à je ne sais quelle gravité antique se joignaient chez M. Roussel des habitudes particulières de respect, même envers les plus

(1) Voir, plus loin, la notice sur M. Rollin.

humbles. Son autorité était acceptée partout. C'était celle de la doctrine et de la vertu. Le poids qu'apporte l'âge dans la balance du mérite n'était pas nécessaire à des hommes d'une telle valeur. M. Rollin, leur maître, avait été nommé supérieur du Petit Séminaire à vingt-cinq ans, et du Grand Séminaire à trente ans. M. Roussel aussi fut, bien jeune encore, distingué par ses supérieurs et choisi pour des postes élevés ; mais il avait puisé à l'école de M. Rollin cette modestie qui fut, comme nous l'avons dit, l'un des traits saillants de la vie du regretté défunt.

En se montrant modeste entre tous, M. Roussel n'entendait pas se soustraire à l'obligation où nous sommes de cultiver et de faire valoir pour Dieu les talents qu'il confie. Il fit de fortes études au Grand et au Petit Séminaire. Des essais littéraires, tantôt plus graves, tantôt plus légers, révélaient déjà en lui un esprit d'élite. Il travailla toute sa vie à accroître la somme de ses connaissances. Il devint un littérateur et un théologien distingué. Ne se proposant que la gloire de Dieu et le salut du prochain, il ne voulut jamais tirer aucun honneur humain de la supériorité d'un grand savoir. Nous en avons la preuve dans les neuf opuscules anonymes qu'il a composés, où se révèlent tour à tour le littérateur, le moraliste, l'esprit fin, l'observateur attentif (1). Ces livres sont charmants, mais l'auteur n'a pensé qu'à les

---

(1) Voici la liste de ces ouvrages :

Lettres à Théotime, ou Miroir du jeune homme.

Méditations pour le mois de Marie.

Souvenirs d'un beau jour, ou la première Communion.

Le Dimanche.

L'Exemple du Père de famille.

La Récréation des Familles. (Tableaux.)

Le Jeune Soldat.

Du Divorce.

Le Voyageur en France. (Tableaux.)

rendre utiles. Il composait ses ouvrages sous le regard de Dieu, et toute son ambition était, en captivant l'attention par la grâce et la simplicité du langage, de faire pénétrer dans l'esprit et dans le cœur des enfants et des jeunes gens auxquels il aimait à s'adresser, la doctrine et les maximes de l'Evangile. C'est le pasteur zélé qui condense dans ses livres les instructions catéchistiques ; c'est l'ami de l'enfance, le gardien vigilant de la persévérance des jeunes communiants. Comme il n'attachait pas son nom à ces opuscules utiles, peut-être sont-ils plus connus au loin que dans son pays. Car plus d'un de ses collègues, même de ses voisins, ignoraient qu'il fût un auteur estimé. Ses œuvres, comme les graines fécondes qu'emporte le vent, étaient abandonnées au souffle de Dieu. Il n'en parlait jamais.

A Suippes, à Hans, à Heiltz-le-Maurupt, malgré la discrétion et la modestie dont s'enveloppait cet esprit supérieur, il conquit l'estime, l'affection, l'admiration des hommes sérieux de tous les rangs. Il compta parmi ses amis fidèles les hommes les plus distingués des lieux où il exerça son ministère. Son commerce était sûr, sa discrétion parfaite, ses conseils pleins de sens, son obligeance inépuisable, sa conversation semée de traits, mais pleine d'indulgence pour le prochain. Il arrêtait les censeurs qui allaient trop loin par ces simples mots qu'on retrouvait souvent sur ses lèvres : « Nous avons tous nos défauts. » C'était là une vertu acquise ; car avec beaucoup d'esprit il était naturellement caustique.

Ces qualités exceptionnelles n'avaient pas échappé à l'attention de ses supérieurs.

Envoyé dans la paroisse de Hans en 1833, à l'âge de 23 ans[1], il était désigné, au bout de 18 mois, pour

(1) M. Roussel naquit à Possesse le 20 mai 1810 ; il fut ordonné prêtre le 21 décembre 1833, et nommé curé de Hans le lendemain.

administrer la cure importante de Suippes[1], et moins de deux ans après[2], il méritait d'être nommé curé-doyen du canton, par les preuves de sagesse et de prudence qu'il avait données dans l'accomplissement d'une mission délicate et épineuse. Il n'avait que 27 ans! Mais, à l'exemple de Timothée, il avait su, selon la recommandation de saint Paul, faire respecter sa jeunesse *par sa parole, par sa foi, par la pureté de ses mœurs et par la doctrine.*

Toutefois, élevé plus haut que tous ses condisciples, il en souffrait, et sa modestie ne se trouvait pas à sa place. En vain l'administration diocésaine s'efforça de diminuer les difficultés de sa tâche en lui prêtant un concours constant et sympathique; en vain Mgr de Prilly lui accorda au bout de quatre ans[3], en le nommant chanoine honoraire de sa Cathédrale, la marque d'estime et la récompense qui sont ordinairement réservées aux vétérans du sacerdoce. On cherchait par là à le fixer dans le décanat; mais ces moyens échouaient auprès de ce prêtre qui n'était avide que de sacrifice et de plus humbles dévouements. Les honneurs plaçaient M. l'abbé Roussel à la gêne. Pour s'en décharger et pour descendre, il usa de toutes les industries que les gens du monde emploient pour s'avancer. Il fit valoir, sans l'exagérer, mais assurément sans le dissimuler, le mauvais état de sa santé. Ses anciens paroissiens de Hans avaient profondément regretté son départ : ils saisirent l'occasion qui s'offrait de le réclamer. Il faut lire la lettre si honorable pour lui qu'écrivait, à cette occasion, à Monseigneur de Prilly, l'illustre interprète de la pensée des habitants de Hans[4] :

(1) Le 14 novembre 1835.

(2) Le 16 janvier 1837.

(3) Le 8 mai 1841.

(4) M. le lieutenant-général comte de Dampierre. — Lettre du 19 juillet 1843.

« Permettez-moi, Monseigneur, de réclamer votre
» bienveillance pour le village de Hans où M. Roussel est
» fort aimé et désiré. Je vous prie d'accorder le plus tôt
» possible la demande que vous a adressée M. l'abbé
» Roussel. L'opinion que j'ai l'honneur de vous exprimer
» est partagée par tous les habitants...... »

Monseigneur de Prilly céda à tant d'instances(1), et il
fallut, au bout de près de 20 ans, un ordre de Monseigneur
Bara pour lui faire accepter un nouveau doyenné avec les
honneurs auxquels il avait renoncé. Il fut nommé curé-
doyen d'Heiltz-le-Maurupt et reprit son rang parmi les
chanoines honoraires le 26 juin 1863.

C'est là, Messieurs, que je le trouvai. C'est là que, dans
mes visites pastorales, il me fut donné de connaître et
d'apprécier cet esprit délicat, ce cœur dévoué et généreux,
cette sagesse calme et tranquille qui en faisaient très vite
l'ami, l'auxiliaire de ceux qui l'approchaient. Aussi,
lorsque la maladie du regrettable M. Prieur(2) me mit dans
la nécessité de chercher un nouveau Supérieur à mon
Grand Séminaire, ma pensée se porta sur le doyen
d'Heiltz-le-Maurupt. Lui seul en fut surpris. Mais, toujours
respectueux et soumis envers l'autorité, il ne pouvait
résister longtemps à mes instances. « Vous le voulez
» donc, Monseigneur, m'écrivait-il, vous l'ordonnez.
» J'obéirai : vous choisissez un vieux, un infirme de corps
» et peut-être d'esprit. Le poste que vous lui destinez

(1) M. Roussel fut rendu à ses anciens paroissiens de Hans le 5
avril 1844.

(2) M. Prieur avait été successivement curé d'Anglure, avec les
attributions de doyen du canton, et curé-archiprêtre de Vitry-le-
François. Nommé Supérieur du Grand-Séminaire le 1er août 1871, il
fut obligé de résigner ses fonctions à cause du mauvais état de sa
santé, en 1873 ; et la paralysie dont il était atteint l'emporta le
18 décembre de la même année, à l'âge de 53 ans.

» l'achèvera. N'importe, j'aurai obéi à Dieu en obéissant
» à mon Evêque. »

C'est avec ces sentiments qu'il entra au Grand
Séminaire et au Conseil épiscopal (1).

Il me sera bien permis aujourd'hui de soulever le voile
qui doit couvrir le secret des délibérations administratives,
en disant combien ses paroles étaient rares, sages et
mesurées. Il écoutait sans interrompre jamais personne,
sans livrer rien de ses impressions. Il avait trop de modestie pour manifester un dissentiment et même un
assentiment trop prompt et sans y être obligé. Il fallait
toujours lui demander son avis ; et alors, sans élever la
voix, sans agitation, il traitait les questions proposées
avec cette défiance de lui-même, mais aussi avec cette
maturité, cette sagesse que donne seulement l'habitude de
la réflexion, de la méditation et de la prière.

II

En parlant de sa modestie, j'ai déjà parlé de son
dévouement : car les vertus se pénètrent mutuellement.
Elles forment un tissu dont il est malaisé de détacher un
fil.

M. Roussel se détermina à entrer dans le sacerdoce à
une époque troublée, où plus d'une vocation sacerdotale
trouva des cœurs faibles qui fléchirent. C'était au moment
de la révolution de 1830. Les témoins des immolations
sanglantes de 1793 n'avaient pas encore disparu. On
redoutait le retour de ces jours néfastes, où la profession
du catholicisme n'était pas seulement une raison d'exclu-

(1) Le 1ᵉʳ août 1873.

sion et de retrait de la bienveillance et de la justice, mais un crime puni de l'incarcération, du bannissement et de la mort. On avait fauché les gardiens fidèles de la foi catholique comme on coupe le blé mûr.

Les Supérieurs des Séminaires se croyaient obligés, dans leur sincérité, de déclarer aux jeunes lévites leurs propres appréhensions et leurs craintes. Les pratiques d'un gouvernement sage dissipèrent, avec le temps, ces inquiétudes ; mais, au lendemain de la révolution, elles paraissaient justifiées, et l'avenir assurément était menaçant.

M. Roussel ne s'en émut pas ; il y trouva un motif de se réjouir devant Dieu. Cette âme dévouée se complaisait dans la pensée de témoigner plus vivement son amour pour Jésus-Christ et pour son Eglise. Il ressemblait au soldat qui préfère les gloires de la bataille aux loisirs de la paix.

Le jeune sous-diacre trouva bientôt une autre occasion d'utiliser son dévouement et sa charité. Au mois d'avril 1832, le choléra menaçait la ville de Châlons. C'était la première fois que ce terrible fléau faisait son apparition en France. Il répandait partout la terreur. Les administrations départementale et communale étaient inquiètes et prenaient toutes les mesures que commandait la prudence. Des hôpitaux et des ambulances étaient préparés : mais on craignait de ne point trouver d'infirmiers. Ce fut alors qu'un enfant de Saint-Memmie, un ancien soldat qui avait quitté l'épée pour revêtir la robe du lévite, M. l'abbé Henriet, professeur de philosophie au Grand-Séminaire(1), écrivit à l'Intendance sanitaire du

(1) M. Hubert Henriet était né à Saint-Memmie, en 1794. Il fit de brillantes études au collège de Châlons, dirigé par l'abbé Brisson, mort chanoine le 18 février 1838, puis au séminaire de Meaux. Atteint par la conscription de 1813, il fit les dernières campagnes

département de la Marne, cette lettre mémorable que l'on a gravée sur sa tombe, et dans laquelle « né dans la » classe pauvre, il s'offre pour servir d'infirmier auprès » des pauvres, ou pour remplir tout autre office qui lui » serait assigné. » Un si bel exemple toucha vivement M. Roussel et émut tout le séminaire ; il fut suivi par tous les élèves valides, qui formèrent une phalange permanente, fonctionnant le jour et la nuit, où chaque élève, à son tour, venait occuper le poste qui lui était assigné. M. Roussel prodigua ses soins aux malades jusqu'à la fin de l'épidémie (1).

La besogne était rude et non sans danger. Il fallait, dans un contact de jour et de nuit avec les malades, au milieu d'un air absolument vicié, non-seulement servir les cholériques, mais les porter, les ensevelir ! « Ces jeunes

du premier Empire, et fut blessé le 7 mars 1814 en chargeant l'ennemi qui avait pénétré en Champagne. En 1820, il quitta le service, et résolut d'embrasser l'état ecclésiastique Il fut d'abord économe, puis professeur de philosophie au Grand-Séminaire. Il mourut à 38 ans, avant d'avoir consenti à recevoir un ordre plus élevé que le sous-diaconat. (*Voir l'Almanach populaire du département de la Marne pour l'année 1853*).

(1) A cette occasion, le Conseil général de la Marne, dans sa séance du 11 juin 1832, chargea M. le duc de Doudeauville. son président, de transmettre à Monseigneur l'Evêque de Châlons l'extrait suivant du procès-verbal de ses délibérations :

« Votre Commission vous propose de manifester l'expression des » sentiments de reconnaissance et de vénération éprouvés par le » Conseil général, lorsqu'il lui a été rendu compte du pieux dévoue- » ment, ainsi que de l'infatigable charité de Monseigneur l'Evêque » de Châlons et de son clergé dans les circonstances déplorables où » nous nous trouvons ; et votre commission ne doute pas que vous » n'approuviez avec plaisir la proposition qu'elle vous fait de » charger votre Président d'être auprès de Monseigneur l'Evêque de » Châlons l'interprète des sentiments du Conseil. »

La proposition est adoptée à l'unanimité.

2

» ecclésiastiques, lisons-nous dans l'annuaire de 1833, ont
» été de la plus grande utilité. Sans jactance et avec la
» résignation du vrai courage, ils se sont soumis à ces
» services pénibles et dégoûtants, dont ils connaissaient le
» danger. Les maladies et la mort même de leurs
» camarades n'ont pas un instant ralenti leur dévouement.
» Ils ont bien mérité de la Société, et je me plais ici à leur
» payer un faible tribut d'estime et de reconnaissance (1). »

M. Henriet, nommé par l'Intendance sanitaire Directeur
de l'hôpital des cholériques, succomba, et dès le 4 juin,
son nom s'ajoutait à celui des nombreuses victimes de cette
maladie effrayante !

En visitant le Tombeau de saint Memmie, Messieurs,
n'oubliez pas d'aller lire sur le monument funèbre qui a
été élevé à M. Henriet dans le cimetière de la commune,
son pays natal, les inscriptions qu'y a fait graver par
souscription la municipalité reconnaissante de Châlons. Il
y a là en relief de bronze une des pages les plus honorables
de l'histoire de notre clergé. M. Roussel, sans y être
nommé, y trouve aussi sa place.

Il faudrait, Messieurs, raconter tout son ministère à
Hans, à Suippes, à Heiltz-le-Maurupt, si l'on voulait faire
l'histoire d'un dévouement qui a duré autant que sa vie.
Qu'il suffise de dire, puisque je dois me hâter, qu'il a été
dans ces paroisses ce qu'il s'est montré au Grand Séminaire.

Jeunes lévites, vos regrets et vos larmes en ce moment
me dispensent de dire à quel point il vous fut dévoué.
Dans vos besoins spirituels, c'était un père. Pour les
intérêts de votre santé, c'était une mère. Que de fois ne
m'a-t-il pas entretenu des soins réclamés tantôt pour vos
corps, tantôt pour vos âmes, de la nécessité de vous

(1) Discours de M. le Dr Salle, dans la séance de la Société
d'Agriculture de la Marne, du 1er septembre 1832.

préparer, par un régime fortifiant, aux rudes labeurs du ministère pastoral dans les campagnes, et de l'importance de vos années d'études, dont il ne voulait pas abréger le temps, de la direction de vos âmes dont il acceptait presque toute la charge !

Il pensait à tout : aucun détail n'échappait à sa vigilance ; je me trompe : il est un oubli que je n'ai jamais pu lui faire réparer, c'est l'oubli de lui-même, l'oubli de sa santé ; et ce père, si tendre pour les autres, n'a pas pris le temps de conjurer, malgré toutes nos recommandations, le mal qui vient de nous l'enlever, après l'avoir fait longtemps souffrir.

Jeunes lévites, vous avez eu tous une part de la direction de ce maître admirable. Dites-nous avec quel accent de conviction il vous recommandait l'esprit d'abnégation et de sacrifice, sans lequel il n'y a pas de vie sacerdotale. Avec quelle bonté, mais avec quelle fermeté en même temps, il travaillait à réprimer en vous les tendances molles du siècle ; avec quelle ardeur il vous recommandait la générosité dans le service de Dieu, en un mot ce dévouement dont il fut le modèle ! Comme saint Paul, il aurait pu dire : *impendam et superimpendar ipse.* « Je donnerai tout ce que j'ai, et je me donnerai » moi-même. » Je dis plus : autant qu'il le put, dans les limites de l'humanité, il fit comme Jésus-Christ, *exinanivit semetipsum* ; victime de son zèle, ce bon pasteur, s'il n'a pas donné sa vie, du moins il l'a abrégée et sacrifiée pour ses brebis.

On m'a rapporté les touchantes paroles qu'il vous adressa, de sa voix affaiblie, le jour où se croyant à l'heure de vous quitter, il reçut les sacrements de l'Eglise [1] : « Priez pour moi, vous dit-il, et, en souvenir de moi,

(1) Le Dimanche 4 avril 1880.

» soyez toujours pieux, dévoués et modestes, mais dignes
» dans toute votre conduite. Appliquez-vous au travail;
» observez avec fidélité votre règlement. Soyez, au milieu
» des épreuves qui vous attendent peut-être, de vrais
» disciples de Jésus-Christ : Ayez une tendre dévotion
» envers la sainte Vierge. Priez pour l'Eglise et pour le
» Souverain Pontife, et soyez toujours respectueux et
» soumis envers votre Evêque et vos supérieurs. »

III

Je voudrais dire au moins un mot de son esprit de foi.
Il resplendit dans la sérénité et la résignation avec lesquelles
il a vu venir à lui la mort. Comme tous les saints, il
redoutait les jugements de Dieu. Si l'Apôtre saint Paul a
pu dire : « Ma conscience ne me reproche rien », *nihil
mihi conscius sum*, et cependant s'il a ajouté : *Non in
hoc justificatus sum* : « son bon témoignage ne me
» justifie pas », combien le plus saint prêtre n'a-t-il pas lieu
de n'attendre sa justification que de la miséricorde de Dieu !
C'était seulement en cette miséricorde que reposait toute
sa confiance.

Il a préparé sa mort avec une patience et une résignation
héroïques au milieu des dernières souffrances, qui furent
extrêmes. Le soin presque minutieux qu'il a mis à dicter
ses dernières volontés, à distribuer le peu de bien terrestre
qu'il laissait après une vie toute de charité, nous fait
comprendre la diligence avec laquelle il avait dès longtemps réglé les affaires de sa conscience et s'était préparé
à comparaître devant le souverain Juge. Les yeux attachés
sur le crucifix et le sourire sur les lèvres, il bénissait
Dieu de ses douleurs qui, unies à celle de Jésus-Christ en

croix, lui paraissaient une grâce d'expiation. Silencieux et priant, la douleur ne troubla pas un instant son esprit toujours présent, toujours lucide, j'oserai dire, toujours méthodique, ni son cœur toujours affectueux pour le prochain, toujours débordant d'amour pour Dieu.

Sa confiance dans le Maître qu'il avait servi avec une foi si féconde en œuvres méritoires, ne lui faisait point oublier combien il faut être pur pour entrer dans le Ciel, et il se recommandait à nos prières. Aussi je me crois obligé, Messieurs, à vous transmettre ici la demande qu'il nous en a faite, et je réclame pour cette âme si chère, qui vient de paraître devant Dieu, le suffrage de vos supplications.

Loin de moi la pensée de diminuer, par là, la confiance et l'espérance que vous exprimiez tout à l'heure, en chantant avec une harmonie pénétrante ces consolantes paroles : *Beati mortui qui in Domino moriuntur* : « Bienheureux ceux qui meurent dans le Seigneur! » Oui, espérons que votre vénéré Supérieur est heureux et qu'il a déjà reçu la récompense éternelle d'une vie pleine de mérites devant Dieu et devant les hommes. Espérons que déjà nous avons auprès de Dieu un intercesseur qui se montrera toujours notre ami, notre conseil, notre lumière, en intercédant pour nous. Mais cependant, prions pour lui, parce qu'il nous l'a demandé, parce que l'Eglise nous y invite, et parce que la reconnaissance nous en fait un devoir. Pensons à lui et croyons qu'il pensera à nous, comme il nous l'a promis. Surtout, gravons profondément dans notre mémoire les leçons qu'il nous a données pendant sa vie par sa modestie, son dévouement et sa foi.

DISCOURS

PRONONCÉ A LA CATHÉDRALE AUPRÈS DES DÉPOUILLES

MORTELLES DE M. LE CHANOINE BÉGIN.

MESSIEURS,

Nous traversons des jours bien sombres. Les deuils se multiplient. Au moment où la nouvelle de la mort du vénérable Cardinal Pie, Évêque de Poitiers, vient nous frapper comme un coup de foudre(1), nous rendons les derniers devoirs à la très honorable personne de Joseph - Charles BÉGIN, successivement Supérieur du Petit Séminaire de Sainte-Menehould, Directeur au Grand Séminaire, Aumônier de l'hospice Saint-Maur, Chanoine titulaire de la Cathédrale, et Aumônier de l'Adoration réparatrice.

Il n'y a pas huit jours encore, nous conduisions à sa dernière demeure le regrettable M. Roussel, Supérieur du Grand Séminaire.

On dirait que les étoiles du ciel disparaissent l'une après l'autre de notre firmament sacerdotal. Plongés dans

---

(1) Son Eminence Monseigneur Pie, Evêque de Poitiers, s'était rendue à Angoulême, sur l'invitation de Monseigneur Sebaux, évêque de ce diocèse, pour y célébrer les fêtes de la Pentecôte. Elle avait officié pontificalement le jour de la fête, fait l'homélie à la messe, présidé le lendemain, lundi 17 mai, l'assemblée des catholiques de la contrée, réunis pour entendre sa parole éloquente. Quelques heures après, Elle mourait, par suite de la rupture d'un anévrisme.

les ombres d'une nuit qui devient plus noire, nous sommes sous le poids de l'anxiété du lendemain.

Il me plaît de chercher un adoucissement à ma peine, en disant, auprès de ces tombes vénérées, aux amis, aux conseillers sur lesquels je m'appuyais dans les heures d'épreuve, non pas un *éternel adieu*, mais un *au revoir* auprès de Dieu, dans une patrie meilleure. Il me plaît, en rappelant de beaux exemples, de vous exciter à les suivre.

M. Bégin n'était pas né dans le diocèse de Châlons, mais sa famille en était originaire, et il l'avait habité dès sa jeunesse ; il l'a fait sien par l'affection, par un long ministère, par les services, par un dévouement sans bornes à tous ses intérêts.

Il fut au premier rang de cette phalange de saints et mémorables prêtres qui aidèrent le vénérable Mgr de Prilly à rétablir par la base l'Eglise de Châlons fondée par saint Memmie. Il fut placé aux postes les plus laborieux ; il accepta les missions les plus délicates.

A sa sortie du Séminaire de Saint-Sulpice[1], nous le voyons à Sainte-Menehould, formant à la fois des clercs aux vertus sacerdotales et d'autres enfants, destinés aux carrières civiles, à la vie chrétienne dans le monde.

Devenu Directeur au Grand Séminaire[2], il s'y fit remarquer par l'ardeur à inspirer aux jeunes lévites le

---

[1] M. Bégin naquit à Nancy le 1er juin 1799. Il fut ordonné prêtre le 20 mai 1826 dans l'église Notre-Dame de Paris. Monseigneur de Prilly, qui l'avait d'abord destiné au Grand Séminaire, le nomma, au mois d'octobre, principal du Collège mixte de Sainte-Menehould, où il resta jusqu'à ce que cet établissement perdit son caractère ecclésiastique, à la suite des ordonnances de 1828. Le collège de Sainte-Menehould avait été remis à Monseigneur l'Evêque de Châlons en 1824, avec charge d'y préparer la jeunesse aux carrières civiles aussi bien qu'à l'état ecclésiastique.

[2] En 1828.

goût de la science sacrée, l'amour du culte divin et le zèle à observer avec scrupule la sainte liturgie. Pour y parvenir, sa méthode était aussi simple qu'efficace : à des leçons consciencieusement préparées par l'étude et la méditation, il ajoutait l'autorité de l'exemple, celui d'une vie toute sacerdotale. A l'arrivée des Lazaristes au Grand Séminaire (1), il accepta un ministère plus humble (2). Il se fit, à Saint-Maur, le guide spirituel des sœurs garde-malades, le père des enfants et, on pourrait dire, le frère des pauvres vieillards reçus dans cet hospice (3).

Ce ne fut pas sans peine qu'il laissa passer à d'autres mains le soin des petits et des misérables.

En 1838, Monseigneur de Prilly conçut le projet de le nommer curé de la Cathédrale : il lui écrivit même pour lui tracer le programme des œuvres diverses auxquelles il voulait l'associer. Mais M. Bégin se contenta des occupations plus modestes et plus conformes à ses goûts que lui offrait le soin de la liturgie châlonnaise.

(1) En 1832, à la suite de la mort de M. Rollin.

(2) M. Bégin fut nommé aumônier de Saint-Maur le 2 octobre 1832.

(3) L'hospice Saint-Maur était destiné à recevoir des vieillards et des enfants des deux sexes. Il était d'abord situé dans le faubourg de Marne, sur la rive gauche du fleuve. Mais en 1788, on s'empara d'une partie des bâtiments pour construire le pont et la chaussée qui conduit à la route de Paris, et l'hospice fut transféré dans le couvent des Bénédictines de Saint-Joseph qui venait d'être supprimé. En 1847, il fut réuni à l'Hôtel-Dieu dont il était comme une succursale, et qui était desservi, comme lui, par des sœurs hospitalières dites quelquefois *de Sainte-Marthe*, du nom de sainte Marthe leur patronne. En 1854, ces sœurs se réunirent aux sœurs de la Charité de Saint-Vincent de Paul qui prirent alors le service de l'hôpital. Quant à l'hospice Saint-Maur, il reprit le nom de *Saint-Joseph* qu'il porte encore aujourd'hui ; mais ce n'est plus un hospice, on y reçoit des femmes âgées, comme pensionnaires, et des orphelines que l'on forme aux différents travaux de leur sexe.

Pour pouvoir s'y livrer tout entier, il accepta une place dans le vénérable Chapitre de Saint-Étienne(1).

Le canonicat ne pouvait être pour un prêtre si pieux et jeune encore un poste de repos. Aussi trouva-t-il, dans les ardeurs de son zèle, mille occasions d'augmenter ses mérites, en multipliant ses bonnes œuvres. On se souviendra longtemps de son ardeur à régler, à ordonner les offices et les pompes saintes de cette Cathédrale où il exerça jusqu'à sa mort les fonctions de Maître des cérémonies(2).

Rien ne lui était étranger dans ce qui se rapporte au service des autels et à l'honneur dû à Notre-Seigneur Jésus-Christ dans le Saint-Sacrement.

On sait la part qu'il prenait chaque année à la préparation des conférences ecclésiastiques et à l'examen de leurs travaux liturgiques. Lorsqu'il fut question de restaurer la liturgie romaine dans le diocèse, Mgr de Prilly trouva tout préparé l'ouvrier de cette œuvre désirée par Pie IX.

Qui pourrait dire à combien de longs et consciencieux

---

(1) Il avait été nommé chanoine honoraire le 6 avril 1833. Nommé chanoine titulaire par ordonnance du 3 décembre 1838, il fut installé le 10 du même mois. Ce fut lui qui prépara la réimpression des différents livres liturgiques du rit châlonnais, qui eut lieu en 1841.

(2) M. Bégin fut nommé maître des cérémonies de la Cathédrale, par décision du 13 septembre 1841. Il n'a pas cessé d'exercer ces fonctions depuis cette époque jusqu'à sa mort. — Tout ce qui se rapportait à l'église Cathédrale avait pour lui un attrait particulier. Nous en avons pour preuve la remarquable notice sur les dalles funéraires de Saint-Étienne, qu'il lut au congrès archéologique de France, à Châlons, en 1855.

M Bégin jouissait, parmi ses confrères du Chapitre, d'une juste considération dont ils lui donnaient souvent des preuves. Ainsi, il fut délégué trois fois par eux pour assister aux trois Conciles provinciaux qui eurent lieu, à Soissons en 1849, à Amiens en 1852, à Reims en 1857.

travaux il s'est livré, pour se pénétrer de l'esprit et des
règles du Cérémonial romain, qui, il est vrai, était pratiqué pour les ordinations, pour les consécrations d'églises,
les consécrations épiscopales, etc., etc., mais qui n'avait
jamais été intégralement suivi ni dans les cathédrales, ni
dans les paroisses, se réglant en cela d'ordinaire sur des
usages immémoriaux? Dans l'accomplissement d'une
mission si honorable, celle de rattacher plus étroitement
dans le culte et la prière l'Eglise de Châlons à l'Eglise-
mère de Rome, s'il fallait reprocher quelque chose au zèle
de ceux qui en avaient accepté la tâche, ce ne serait pas
d'être resté en arrière, ce serait peut-être, et c'est ici notre
avis, d'être allé trop loin, dans le sacrifice de tant de
respectables coutumes, que le Saint-Siège ne demandait pas.

Quand, dernièrement, il parut opportun de reprendre,
pour la modifier, cette œuvre importante, nul membre de
la commission chargée de cette mission(1), ne fut plus
assidu que M. Bégin, plus laborieux, et à la fois plus
modeste et plus influent. Les conférences, au milieu de
vifs et intéressants débats, furent continuées pendant six
années. Les questions qui y furent successivement traitées,
et particulièrement le retour aux offices du moyen âge,
aux vieilles hymnes, aux anciennes proses, le culte de tous
les saints rattachés au diocèse par quelque lien, la re-
cherche des reliques authentiques, etc., etc., montrent bien

---

(1) La Commission fut nommée par Monseigneur Meignan, le 16
décembre 1872. Elle tint 80 séances. Elle était composée de :
MM. Deschamps, vicaire-général ; Bégin, chanoine : Pannet, chanoine,
secrétaire-général de l'Evêché ; Lucot, supérieur de la maison des
prêtres auxiliaires ; Leroux, curé de Notre-Dame ; Molard, directeur
au Grand Séminaire ; Martin, curé de Saint-Memmie ; Bouson, curé
de Saint-Etienne-au-Temple. En 1875, elle s'adjoignit M. Musart
(N.-Remi), nommé chanoine et secrétaire-général de l'Evêché. Son
travail fut envoyé à Rome le 15 avril 1879, pour y être soumis à
l'approbation du Saint-Siège.

l'importance des études auxquelles il a fallu se livrer, et le travail qu'a demandé la rédaction du double supplément au Bréviaire et au Missel romain pour le diocèse de Châlons. Nous pouvons dire que M. Bégin aura attaché son nom à ces travaux liturgiques comme à ceux de 1852 à 1854 [1].

Vous l'avez vu, Maître des cérémonies de la Cathédrale, surveiller l'application des règles sacrées avec autant d'attention qu'il en avait mis à les étudier. Malgré l'âge et la fatigue, il ne fléchissait jamais ; toujours debout, par respect pour la rubrique, attentif à tout, voyant et surveillant tout, corrigeant partout, quelquefois même avec vivacité, les inadvertances et les oublis, et néanmoins alliant à tant de préoccupations, un recueillement, une piété qui nous serviront toujours d'exemple. Son habitude de vivre dans l'union avec Dieu, d'élever incessamment vers lui son cœur et son esprit, de sanctifier chacun de ses actes par des vues surnaturelles, convertissait en prières ce qui d'ordinaire est une cause de distractions. C'était en effet son bonheur d'assister au spectacle des pompes du culte catholique dans nos fêtes solennelles. La douceur de son regard, les traits d'un visage souriant traduisaient dans le lieu saint ce sentiment du Psalmiste : *Quàm dilecta tabernacula tua, Domine!* « Que vos tabernacles me sont chers, ô mon » Dieu! » Ce fut d'ailleurs toujours le besoin de cette âme si pieuse de chercher sans cesse et partout où alimenter la flamme de son ardent amour de Dieu.

Il se présenta le premier pour exercer gratuitement les fonctions d'aumônier de l'Adoration réparatrice, quand, par la faveur du ciel, les religieuses admirables vouées à cette œuvre de foi et d'amour divin vinrent s'établir à Châlons.

(1) La liturgie romaine fut rétablie dans tout le diocèse, le 11 juin 1854, jour de la fête de la Sainte-Trinité.

Pendant vingt ans, il a consacré à cette œuvre son ministère et ses forces. Sans jamais accepter d'honoraires de cette communauté trop pauvre, il y a dépensé la meilleure part de ses petits revenus, et tous les trésors de la charité et du zèle d'un saint prêtre. Avec quelle prudence et quelle discrétion n'a-t-il pas toujours guidé les âmes des pieuses Réparatrices, les maintenant fidèlement dans la voie tracée par leurs constitutions et leur vocation angélique, déployant tantôt la fermeté, tantôt la bonté d'un Père qui régit, soutient et console ses enfants ! Elles n'oublieront jamais les leçons de pauvreté, de mortification, d'abandon à la Providence, de vie intérieure, de ferveur soutenue qu'il leur a prodiguées, et qu'il appuyait de ses exemples.

Sa vie cachée et silencieuse ne l'empêchait pas de s'occuper d'un grand nombre d'autres associations pieuses ou charitables qu'il patronnait et propageait sans ostentation, en s'aidant surtout du secours de la prière. Souvent prosterné aux pieds de Notre Seigneur Jésus-Christ, en présence du Saint-Sacrement exposé et adoré nuit et jour, devant cet autel où brûle incessamment le feu sacré des lampes, symbole de la charité du cœur, il puisait à leur source les inspirations de cette foi qui le portait à prendre une part si active et si généreuse à toutes les pieuses industries de la charité de nos jours.

Qui pourrait dire, par exemple, tout ce qu'il a fait pour obtenir la construction de cette chapelle de l'Adoration où les fidèles de notre ville sont si heureux d'aller se recueillir, chercher un exemple, une espérance, une consolation, surtout à l'heure de l'épreuve domestique ? Rien ne lui a coûté pour atteindre son but. Ce qu'il ne pouvait faire lui-même, ce que les privations d'une vie non seulement modeste, mais très pauvre, ne pouvaient lui procurer, il le demandait, sans fausse honte et sans importunité, à ses confrères ordinairement aussi pauvres que lui, aux pieux laïques qu'il connaissait, aux souscriptions qu'il provoquait partout.

Il aimait à recevoir et à donner pour le Denier de Saint Pierre, la Propagation de la Foi, la Sainte-Enfance. Il s'appliquait à propager la dévotion à Notre-Dame des Anges, à saint Michel, à l'Apostolat de la prière, et surtout au Sacré-Cœur de Jésus.

Le diocèse ne pouvait, dans ses limites, contenir un zèle qui n'en avait pas. On a trouvé dans les manuscrits qu'il a laissés une correspondance considérable avec les directeurs et les associés des œuvres de piété dont la France a le privilège.

Nous l'avions nommé directeur diocésain de l'œuvre du Vœu national. Il se dévoua avec une ardeur toute particulière, jusqu'au jour de sa mort, pour recueillir les offrandes destinées au sanctuaire de Montmartre. Aucune des pieuses industries auxquelles on a recours pour augmenter les ressources de cette sainte entreprise ne lui était étrangère. Le sou du Sacré-Cœur, les pierres individuelles ou collectives, les piliers particuliers ou diocésains, les décades, les quêtes, les troncs placés dans le lieu saint, il recommandait tous les moyens de contribuer à la construction de l'église votive, avec une onction persuasive à laquelle on ne résistait guère. (1)

(1) Nous ne pouvons résister à la pensée de reproduire ici les paroles que M. Bégin adressa à Monseigneur l'Evêque et au R. P. Marcel, franciscain, bien connu des fidèles de Châlons, le vendredi soir 29 août, à la clôture de la Retraite pastorale de l'année 1879, en présence de tous les retraitants. Malgré son âge et sa mauvaise santé, il avait voulu suivre tous les exercices de la Retraite, conformément au règlement établi dans le synode de 1878.
Il s'est peint tout entier, dans son discours, sans s'en douter.

MONSEIGNEUR,

« C'est un grand honneur pour moi d'être appelé à prendre la parole en ce jour pour vous exprimer, au nom de mes frères dans

Et au milieu de tant d'occupations diverses, auxquelles s'ajoutait la direction spirituelle de beaucoup de prêtres et

le sacerdoce, les sentiments de notre reconnaissance pour le bienfait inestimable de la retraite qu'il nous a été donné de suivre dans des conditions marquées au coin de sa divine sagesse.

» Grâce à vous, Monseigneur, les retraites pastorales du diocèse de Châlons viennent d'entrer dans une ère nouvelle qui sera féconde en fruits de vie pour tous ceux qui auront le bonheur comme nous d'y être appelés, et qui par là même sera une source abondante de consolations pour votre cœur d'évêque.

» Le calme profond et le parfait silence qu'avec l'aide de Dieu vous êtes heureusement parvenu à faire régner dans l'enceinte des murs bénis du séminaire assurent désormais le succès des exercices spirituels à tout prêtre de bonne volonté, car : *In silentio et quiete proficit anima devota.*

» Une autre faveur, que nous ne saurions assez reconnaître, nous a été accordée cette année. C'est la parole de l'apôtre choisi par vous, Monseigneur, pour nous rappeler nos graves obligations et nous exhorter à les remplir toujours d'une manière digne de Dieu. Le fils de l'incomparable saint François pourrait bien avoir dépassé votre attente. Il a été au milieu de nous comme une grande flamme qui a illuminé nos intelligences, et comme un feu ardent qui a pénétré jusqu'au fond de nos cœurs : *Surrexit quasi ignis, et verbum ipsius quasi facula ardebat.* Aussi, après avoir suivi cet homme de Dieu dans les sentiers de la délicieuse solitude que vous nous avez ménagée, pourrons-nous dire, avec les disciples privilégiés de Jésus-Christ ; *Nonne cor nostrum ardens erat in nobis dùm loqueretur in via?*

» Nous ne voulons pas le garder pour nous seuls, ce feu allumé dans nos cœurs, mais nous nous efforcerons de le communiquer aux fidèles pour les soulever de terre, comme nous y a si souvent exhortés notre zélé prédicateur, et les faire vivre de la vie surnaturelle.

» Plus que jamais, nous sommes résolus, Monseigneur, de vous suivre toujours et de vous seconder dans vos saintes entreprises et dans toutes les œuvres diocésaines qui font bénir Votre épiscopat.

» Quoique je me propose de présenter à Votre Grandeur, si Dieu m'en laisse le temps, le rapport de fin d'année d'une de ces

de fidèles, il ne négligeait aucun des devoirs que lui imposait son titre de Chanoine. Il quittait tout quand, deux fois le jour, la cloche de la vieille tour de Saint-Etienne, de sa voix imperturbable, quels que soient le froid, la chaleur, les préoccupations du monde, les peines, les joies, la santé, les affaires, appelle à l'office les anciens du clergé, chargés de prier incessamment pour le Diocèse, pour l'Eglise universelle, et de ne laisser passer aucune fête, aucun mystère, aucun saint sans les honorer par un culte public. La distance, le mauvais temps, la fatigue, rien ne l'arrêtait lorsqu'il fallait se rendre aux offices capitulaires. Et, dans ces derniers temps, vous l'avez vu, quand ses

œuvres, celle du Vœu national, je profite de la présence de mes frères, que je ne reverrai peut-être plus, pour vous dire, Monseigneur, la dévotion et la générosité de vos prêtres à concourir à l'érection de la Chapelle de Jésus, Prêtre éternel, dans l'église du Sacré-Cœur. Déjà le plus grand nombre a décidé qu'ils y seront tous représentés par autant de pierres qu'ils occupent de cantons, et, pour peu que le mouvement se propage, nous arriverons à ce magnifique résultat d'offrir au grand Prêtre de la nouvelle alliance un mémorial non moins précieux que celui d'Aaron, lequel sera orné de vingt-deux grosses et belles pierres appelant à perpétuité les grâces et les bénédictions de son Cœur adorable sur le clergé des vingt-deux cantons qui composent votre Diocèse.

» Veuillez, Monseigneur et mon Révérend Père, me pardonner cette digression qui vous a peut-être fatigués ; mais cela ne m'arrivera plus ; j'aurai plutôt l'occasion de faire, et sans doute bientôt, la prière du vieillard Siméon : *Nunc dimittis*. Puisse ma fin ressembler à la sienne. C'est la grâce que je vous prie d'appeler sur moi, Monseigneur, quand, dans un instant, vous bénirez tous vos enfants prosternés à vos pieds.

» Nous l'attendons avec confiance, cette paternelle bénédiction, pour nous préparer à renouveler nos promesses cléricales et pour nous disposer à recevoir, après quatre jours de privation, le Corps adorable de Jésus-Christ qui sera, espérons-le, l'inviolable sceau de nos saints engagements. »

forces trahissaient son zèle, se traîner péniblement à travers les rues de la ville pour concilier jusqu'à la fin l'accomplissement de ses doubles fonctions de chanoine et d'aumônier.

Malgré les conseils de ses amis, malgré les dispenses qui lui avaient été accordées en raison de sa santé qui déclinait sensiblement, M. Bégin, octogénaire, voulait satisfaire à toutes ses obligations. Mais après un long hiver, si dur pour les vieillards, après une maladie qui semblait vainement l'avertir de modérer son zèle, le jour vint où, pour ne plus se relever, il succomba sous un dernier effort, fait en vue d'assister aux offices de l'Ascension.

Il fallait le voir sur le lit où la mort allait nous le ravir, calme, résigné, toujours animé de la même foi et du même respect pour tout ce qui se rattachait au culte.

Citons un trait qui pourrait devenir historique :

Au moment où il reçut le saint Viatique, cette nourriture fortifiante du dernier voyage, moins ému que ceux qui l'entouraient, il s'aperçoit que, troublé par sa douleur, le prêtre qui l'administre passe un mot de la formule liturgique : « Pas si vite, lui dit-il, vous oubliez quelque chose ; dites, je vous prie : *Accipe*, Frater, *viaticum*. » Aux yeux de cet homme de foi les prescriptions liturgiques de l'Eglise, même celles qui paraissent les moins importantes, étaient des ordres de Dieu qu'il faut exécuter avec une ponctualité scrupuleuse. Une des dernières paroles du maître des cérémonies de notre Cathédrale fut donc pour ses frères du clergé la recommandation de l'observance des règles liturgiques.

Dans ma dernière visite à ce vénéré malade, quand, après l'avoir remercié de tous les services qu'il a rendus au Diocèse, je lui offris de le bénir, quoique baigné de la sueur froide de la mort, il fit un suprême effort que ma parole ne put arrêter ; il se découvrit la tête lui-même, et, ne pouvant soulever tout entier son corps cloué sur le lit de douleur, je le vis s'incliner profondément sous ma main. C'était Dieu qu'il voyait encore dans la personne de son Evêque, le Dieu devant lequel il allait paraître.

Il s'éteignit au soir de la fête de la Pentecôte, au moment où prenaient fin, dans nos églises, les chants de joie auxquels il s'était uni toute la journée. C'était aux fêtes du ciel qu'il allait désormais assister.

En finissant, une réflexion s'impose à mon esprit. Pourquoi ceux qui attaquent aujourd'hui le clergé et notre sainte religion avec tant de passion, n'ont-ils pas été les témoins d'une vie si laborieuse, si dévouée, si sacerdotalement chrétienne ? S'ils connaissaient comme nous cette vie et cette mort, peut-être, quels que soient les préjugés en matière de religion, renonceraient-ils à outrager et à persécuter le clergé de France, si respectable dans sa vie privée, si consciencieux dans l'accomplissement de ses devoirs d'état, si modeste et si pacifique au milieu de ses concitoyens, si étranger à la politique, et dont toutes les pensées, toutes les aspirations s'élèvent dans une région de paix, de prières et d'espérances éternelles !

Pour nous, qui avons été les témoins de la vie de tant de saints prêtres qui nous ont profondément édifiés, conservons, vénérons leur mémoire. Imitons leurs vertus : et sans nous troubler en présence des injustices de la terre, ayons confiance dans les jugements de Dieu, travaillons à procurer le salut des âmes, et comptons uniquement, comme M. Bégin, sur les éternelles récompenses.

NOTICE SUR M. ROLLIN.

NOTICE

M. ROLLIN

PREMIER SUPÉRIEUR DU PETIT, PUIS DU GRAND SÉMINAIRE
DE CHALONS, RÉTABLIS APRÈS LA RÉVOLUTION (1).

Jean-Charles ROLLIN naquit à Paris le 21 mars 1794. Protégé par M. le duc Matthieu de Montmorency, il fut placé dans le pensionnat que M. l'abbé Féry, alors curé de Montmirail, avait ouvert dans la ville dont il était le pasteur (2).

Le jeune Rollin eut pour condisciple dans ce pensionnat M. Petit, de Châlons, qui, après avoir été vicaire à Saint-Alpin et curé de Coolus et autres paroisses, a terminé sa laborieuse carrière dans la Congrégation des Pères de la Miséricorde, où il a fondé une Station de l'Avent en faveur de son Diocèse d'origine.

(1) Cette notice est extraite de notes trouvées dans les papiers de M. le chanoine Bégin. Il nous a paru utile de la publier, tant pour rappeler aux vétérans du sacerdoce le souvenir de leur bien-aimé supérieur, que pour conserver la mémoire des principaux faits de l'histoire du Diocèse de Châlons, à l'époque de son rétablissement.

(2) M. Féry devint plus tard supérieur du Grand Séminaire de Meaux.

Du pensionnat de Montmirail, Charles Rollin entra au collège Stanislas, dont M. Liautard était le célèbre supérieur. Monseigneur Buquet l'y avait beaucoup connu comme condisciple et ami. Il y acheva ses études, et, comme tous les élèves qui se destinaient à la prêtrise, il suivait les cours de théologie du séminaire de Saint-Sulpice.

Il fut minoré, le 20 décembre 1817, par Monseigneur Jean-Baptiste-Marie Antoine de Latil, évêque d'Amyclée (Lycaonie), évêque élu de Chartres.

Il a été ordonné sous-diacre, le 16 mai 1818, par Monseigneur Hyacinthe-Louis de Quélen, alors évêque de Samosate, *in partibus* ; diacre, le 19 décembre 1818, par Monseigneur de Latil, évêque d'Amyclée, précité ; et enfin prêtre, le 5 juin 1819, par Monseigneur de Quélen, évêque de Samosate et plus tard archevêque de Paris.

Cette même année 1819, au mois de décembre, M. Rollin prenait possession, en qualité de supérieur, du Petit Séminaire, que M. Liautard venait de fonder à Châlons sur les instances de M^{gnr} Pierre-Paul de Faudoas, évêque de Meaux, Reims et Châlons(1), et de M. Becquey, chargé spécialement de l'administration du territoire de l'ancien Diocèse de Châlons, et résidant dans cette ville comme représentant de l'Evêque.

L'habileté du jeune supérieur fut mise à une rude épreuve. Campé dans une maison bourgeoise de la rue de l'Etoile (aujourd'hui rue Eustache de Conflans), avec les rues de l'Autre-Monde et des Augustins à droite et à gauche, il était obligé, pour suppléer à l'exiguité du local, de faire servir les mêmes pièces à plusieurs exercices

---

(1) Ce fut un des derniers actes de l'administration de Mgr de Faudoas. Il donna sa démission le 3 septembre 1819, et eut pour successeur Mgr de Cosnac, qui prit possession de son siège le 22 novembre suivant.

successifs ; là, par exemple, où la communauté avait fait la prière et entendu la Sainte Messe, un professeur réunissait ses élèves, et, après la classe, tout le personnel prenait ses repas.

Les embarras multiples de l'Œuvre naissante ne purent comprimer son essor. Ils étaient cependant de nature à entraver la discipline. Ce danger ne pouvait échapper à la sagacité de M. Rollin. Aussi son premier soin fut-il d'organiser une surveillance continue qu'il sut faire exercer avec succès par un certain nombre d'élèves qui présidaient les dortoirs et les salles d'études, où la délégation si honorable de l'autorité de leurs supérieurs leur donnait beaucoup d'ascendant sur leurs condisciples. C'est à l'initiative de M. Rollin que nous devons cet usage précieux, conservé jusqu'à ce jour au Petit Séminaire, où il rend inutile la présence onéreuse de surveillants spéciaux.

Mais il savait que la surveillance toute seule ne suffit pas. Comme les éducateurs les plus appréciés de la jeunesse, il attacha la plus haute importance aux récréations des élèves. Pour leur donner de l'émulation, il payait largement de sa personne ; il s'y faisait tout à tous et prenait part à tous les jeux avec une adresse qui n'avait d'égale que sa bonté. Ses dévoués collaborateurs imitaient admirablement ses exemples. Aussi les récréations si joyeusement animées du Petit Séminaire de Châlons auraient pu, à elles seules, établir sa réputation, comme celles d'un collège fameux qui faisaient avouer au célèbre écrivain de Bonald qu'à la récréation plus qu'à l'étude et à la chapelle il reconnaissait la vérité de tout ce qu'on avait dit à la louange de Saint-Acheul.

Soumis à cette discipline aussi sérieuse que paternelle, et dirigés par un maître si distingué et si désireux de développer leurs talents pour la gloire de Dieu, l'honneur du Sanctuaire et le salut des âmes, les élèves de M. Rollin firent, dès la première année, dans les sciences comme dans la piété, des progrès que l'autorité ecclésiastique se plut à constater publiquement.

« Grâces en soient rendues à la Divine Providence!
» Elle a répandu ses bénédictions sur ses enfants. Honneur
» au prêtre rempli de sagesse et de dévouement, si digne
» d'en être le chef et si jaloux de s'en montrer le père.
» Honneur encore aux leçons et aux exemples de ses
» habiles et vertueux coopérateurs. » Ainsi s'exprimait,
à la première distribution des prix, M. l'abbé Becquey,
vicaire général du Diocèse, témoin, comme il le dit lui-
même, des travaux des élèves et l'un des juges de leurs
progrès. Dans cette solennité, M. le Supérieur prononça
aussi un discours qui fut imprimé, avec celui de M. l'abbé
Becquey, à la demande du bureau d'administration du
Petit Séminaire.

Pendant les années qui suivirent, le prodigieux dé-
veloppement de cette précieuse pépinière fut la gloire et la
consolation de M. Rollin, qui put, le 2 février 1824, offrir à
Monseigneur de Prilly, prenant possession de son Siège,
un établissement dont la prospérité était l'espérance de
son Diocèse. Pour le récompenser de ses éminents services, Sa Grandeur le nomma chanoine honoraire dès le 8
avril.

L'année suivante, 8 août 1825, la dernière qu'il devait
passer au Petit Séminaire, M. Rollin recevait du cœur
reconnaissant de Monseigneur de Prilly des Lettres de
vicaire général honoraire.

A cette époque, il avait déjà été choisi par le saint
Evêque pour supérieur du Grand Séminaire, qu'il s'agissait
de rétablir à Châlons. Aussitôt que M. Rollin connut la
décision épiscopale, il se préoccupa des moyens à prendre
pour faire régner dans cette future communauté l'esprit et
les usages du séminaire de Saint-Sulpice, type parfait de
tous les établissements de ce genre. On peut en juger par

les extraits suivants d'une lettre qu'il écrivait, le 26 juillet 1825, à M. l'abbé Bégin, son ancien élève et son futur collaborateur :

« Je vous remercie des nouvelles que vous m'avez
» données sur votre situation et sur votre entrée à *la*
» *Solitude*(1). Je vois avec plaisir que vous allez vous
» former à passer votre vie dans le séminaire, car il faut
» bien que je vous dise, à vous et à M. Michel(2), une
» chose qui est décidée, et qui est encore ignorée au Petit
» Séminaire. C'est que je vais être chargé du Grand
» Séminaire et y attendre, avec deux professeurs, que
» vous veniez y répandre la science et la vertu que vous
» aurez puisées à Issy. Nous nous retrouverons donc
« ensemble, et nous tâcherons de travailler pour la gloire
» de Dieu et pour le bien de ce Diocèse. . . . . Faites donc
» bonne provision de tout ce qui est nécessaire pour les
» fonctions que vous remplirez. . . . . Je vous recomman-
» derai aussi de prendre des notes fidèles sur les exercices
» du Grand Séminaire et sur les conférences que vous
» aurez à *la Solitude*. Quoique j'aie encore tout assez
» présent à la mémoire, cependant il ne sera pas mauvais
» que vous m'envoyiez le plus promptement possible les

(1) On appelle ainsi le noviciat des Sulpiciens, dans lequel sont admis quelquefois les élèves qui se destinent à l'enseignement dans les grands séminaires.

La Solitude est située dans la propriété d'Issy. où se font les cours de philosophie et de sciences du Séminaire de Saint-Sulpice.

(2) M. Michel (Antoine-Victor) était né à Isle-sur-Marne le 3 octobre 1802. En quittant Saint-Sulpice, il fut nommé professeur au Grand Séminaire et chargé de desservir la paroisse de Saint-Memmie. Il mourut curé-archiprêtre d'Epernay le 6 décembre 1843.

M. Michel (Alexandre), son frère, succéda, au mois d'octobre 1837, comme supérieur du Petit Séminaire, à M. Musart, nommé chanoine titulaire dès le 16 janvier de la même année. Il entra, en 1840, dans la Compagnie de Jésus.

» notes que vous aurez pu recueillir avec M. Michel,
» auquel j'écris aussi aujourd'hui, sur les objets suivants :

» 1° Acheter les livres contenant les prières vocales :

» 2° Dresser la liste, par année, des livres qu'on lit à
» la lecture spirituelle, tant à Issy qu'à Paris ;

» 3° Autant que possible, prenez l'analyse des sujets
» d'oraison ; réunissez le plus que vous pourrez de billets
» d'étrennes qui renferment une maxime, une pratique de
» piété et un sacrifice que l'on doit faire pendant l'année ;

» 4° Enfin, faites une collection de tous les usages
» propres à nourrir l'esprit et la piété, et envoyez-moi tout
» le plus promptement possible. »

Peu de temps après l'époque où il écrivait cette lettre,
M. Rollin remettait prospère et florissante la maison
qu'il avait fondée aux mains habiles de M. l'abbé Musart
(Nicolas), ancien élève de Saint-Acheul, professeur et
directeur depuis plusieurs années au Petit Séminaire de
Châlons (1).

(1) M. Musart, né à Somme-Vesle le 28 mai 1800, était cousin du
vénérable M. Musart, mis à mort pour la foi, à Reims, le 11 mars
1796. Ordonné prêtre le 24 septembre 1825, il fut immédiatement
nommé supérieur du Petit Séminaire, qu'il quitta en 1837 pour
entrer dans le Chapitre. Bientôt après, le directeur de l'Ecole des
Arts le demanda et l'obtint pour aumônier de cet établissement,
dont il resta chargé, tant que ses forces le lui permirent, jusqu'en
1868.
L'ascendant qu'il exerçait sur les élèves, la légitime confiance
dont l'honoraient les familles chrétiennes, le respect et l'estime que
lui témoignaient tous ses confrères lui avaient fait une situation
exceptionnelle au milieu de ses concitoyens. Aussi, le Gouvernement lui accorda la croix de la Légion-d'Honneur ; le suffrage
populaire le fit entrer au conseil municipal, où il siégea pendant
longtemps ; Monseigneur de Prilly le nomma doyen du Chapitre
dès l'année 1849, et, à son arrivée dans le Diocèse, Monseigneur

C'est ici le lieu de donner un souvenir aux prêtres dévoués que M. Liautard avait envoyés avec M. Rollin pour fonder cet établissement. Ce sont : M. Doucet, prédécesseur de M. Musart dans les fonctions de directeur, mort curé en titre de Chaumes, dans le Diocèse de Meaux ; M. Langevin, décédé vicaire général de Monseigneur Ravinet, évêque de Troyes ; M. Millériot, dont l'infatigable charité a fait, chez les Jésuites, un apôtre zélé de la classe ouvrière de Paris, et M. Dallier, chanoine-archiprêtre de Notre-Dame de Chartres.

M. Rollin quittait le Petit Séminaire pour aller habiter des bâtiments où l'on pouvait à peine se loger.

Le Grand Séminaire, construit avant la Révolution, sous Monseigneur de Clermont-Tonnerre, devait faire retour au Diocèse. Mais il était occupé par l'Ecole des Arts, considérée comme un établissement avantageux à la ville de Châlons. Pour ne pas l'en priver, Monseigneur de Prilly renonça à cet immeuble à la condition que l'Etat construirait immédiatement un Grand Séminaire. L'emplacement choisi fut celui du couvent des Cordeliers, dans la rue qui porte leur nom, à proximité de la Cathédrale. Mais, en attendant la réalisation des projets arrêtés, il fallait habiter ce monastère en très mauvais état.

M. Rollin n'hésita pas à y installer les élèves du Grand

<hr>

Meignan le fit entrer dans son Conseil, avec le titre de vicaire général honoraire.

Nous ne saurions passer sous silence sa libéralité envers la paroisse qui l'a vu naître. A l'aide d'économies réalisées principalement sur ses modestes traitements de chanoine et d'aumônier de l'Ecole des Arts, il dota la commune de Somme-Vesle d'un presbytère et d'une église. Aussi, quand la mort le ravit à ses nombreux amis, le 18 octobre 1873, ses compatriotes reconnaissants sollicitèrent et obtinrent l'autorisation de l'inhumer dans le temple qu'il venait de construire, au pied de l'autel de la Sainte Vierge.

Séminaire, avec MM. Labatte[1] et Henriet comme collaborateurs, au mois d'octobre 1825[2]. Les dortoirs servaient
de salles d'études et étaient insuffisants. Une partie des
élèves allaient coucher à l'Evêché. Un colombier délabré
était la cellule enviée du règlementaire, le futur curé de
Notre-Dame-en-Vaux, M. l'abbé Champenois[3].

[1] M. Labatte, né à Epernay le 14 mai 1792, était aussi élève de
Saint-Sulpice. Il avait d'abord enseigné la théologie au Grand Séminaire de Meaux. Il était doyen du Chapitre lorsqu'il mourut le
12 décembre 1849.

[2] Plus tard, MM. Bégin et Michel vinrent compléter le personnel
des professeurs et directeurs du Grand Séminaire.

[3] M. Champenois, né le 5 janvier 1802, ordonné prêtre le 31 mars
1828, fut nommé vicaire de Notre-Dame le 1er juillet de la même
année. Quatre ans plus tard, à la mort de M l'abbé Louis, arrivée
le 3 février 1833, il fut chargé de remplacer ce respectable vieillard
comme curé de cette paroisse, qui fut érigée en cure de seconde
classe le 15 janvier 1847. On sait avec quel zèle et quelle activité
M. l'abbé Champenois a restauré la belle église Notre-Dame. Cette
grande œuvre de restauration, la fondation de deux maisons d'édu-
cation, ce qu'il a fait pour les frères des écoles chrétiennes et pour
les sœurs de saint Vincent-de-Paul, son zèle ardent, son dévouement
et tant d'autres qualités conserveront longtemps populaire à Châlons
le nom de M. Champenois.

Il mourut au milieu de l'invasion allemande, le 5 octobre 1870.
Ses funérailles furent un véritable triomphe, auquel s'associèrent
les autorités prussiennes elles-mêmes, surprises et touchées de
l'hommage rendu par une ville entière au prêtre regretté dont
toutes les bouches proclamaient le désintéressement et le zèle.

Nous nous reprocherions de ne pas donner ici un souvenir
à deux de ses pieux et vénérés collaborateurs. Il eut pour collègue,
dans le vicariat de Notre-Dame, Mgr Languillat (Adrien-Hippolyte), né
à Chantemerle, le 28 septembre 1808, successivement vicaire de
Notre-Dame et curé de Saint-Alpin, entré dans la Compagnie de
Jésus en 1841, nommé vicaire apostolique du Pé-tché-Ly oriental,
puis du Kiang-Nan, et mort à Zi-Ka-Wei le 30 novembre 1878.

En 1834, il eut pour vicaire son compatriote et parent, M. l'abbé

Tel fut le début de la nouvelle carrière ouverte au digne prêtre qui s'était si généreusement dévoué au Diocèse de Châlons.

Pour reconnaître ses services et s'attacher de plus en plus M. Rollin, Monseigneur de Prilly le nomma vicaire général titulaire et archidiacre de Saint-Memmie le lendemain de la mort du vénérable M. l'abbé Becquey, le 7 juin 1829.

Bientôt après, le 5 septembre de la même année, une attaque d'apoplexie foudroyait un autre dignitaire chéri du jeune clergé, dont il se montrait le père et l'ami, M. l'abbé de Gauville, et appelait M. le Supérieur du Grand Séminaire à recueillir son héritage honorifique. C'est ainsi que M. Rollin devint archidiacre de Saint-Etienne, official du Diocèse et Doyen du Chapitre (1).

Cependant, si son mérite était récompensé, la Providence continuait à exercer sa patience. Il attendit pendant plus de deux ans l'accomplissement des promesses faites à Monseigneur de Prilly. Peut-être certains intérêts privés furent-ils un obstacle à la réalisation des projets du Gouvernement. Quoi qu'il en soit, il fallut quitter le monastère des Cordeliers qui menaçait ruine, et prendre possession de l'ancien couvent Sainte-Marie, situé à l'angle de la rue Sainte-Croix et de la rue de Jessaint (2).

Claude Guérin, né à Saint-Hilaire-le-Grand, le 31 septembre 1807. Pour ne point se séparer de son ami, et pour partager les œuvres de son zèle et de son dévouement, M. Guérin voulut conserver les modestes fonctions de vicaire jusqu'à sa mort, arrivée le 23 février 1863. (*Voir sa vie dans les Notices sur les Chanoines titulaires et honoraires de Châlons, par l'abbé Aubert, 1871.*)

(1) Avant le Concile de Soissons, tenu en 1849, les vicaires généraux faisaient partie du Chapitre.

(2) Ce couvent appartenait, avant la Révolution, à la Congréga-

Qui dira les difficultés de cette nouvelle installation au milieu des ouvriers chargés d'approprier l'hôtel du général et la manufacture du filateur à sa nouvelle destination? Cependant, ici comme aux Cordeliers, comme au Petit Séminaire, les progrès, sous le double rapport du travail et de la discipline, font l'éloge de l'énergique et paternelle direction de M. l'abbé Rollin, qui possédait à un haut degré le rare talent de se faire aimer et craindre des séminaristes.

A peine était-il débarrassé des ouvriers et entré en pleine jouissance du nouveau Grand Séminaire que la Révolution de 1830 éclata. Elle porta un coup mortel à M. l'abbé Rollin. Les deux séminaires, ses œuvres de prédilection, assaillis par l'émeute, et Monseigneur de Prilly fuyant devant les envahisseurs de l'Evêché, c'en était trop pour son excellent cœur.

A partir de cette époque, la belle constitution de M. le Supérieur s'altéra sensiblement, et bientôt une maladie de langueur commença à le miner. Toutefois, elle ne l'empêcha pas, lorsque le choléra envahit la ville de Châlons, de contribuer de tout son pouvoir au service de l'ambulance établie dans les pavillons de la caserne du faubourg Saint‑Jacques. Il se préoccupait surtout des périls auxquels était exposée la vie des élèves, qui remplissaient tour-à-tour les dangereuses fonctions d'infirmiers auprès des cholériques. La mort de l'un de ceux qui lui étaient confiés, et surtout le décès de M. l'abbé Henriet aggravèrent sa maladie, et

tion du Bienheureux Pierre Fourier, dont nous possédons encore les membres à Châlons. L'Etat l'avait cédé à M. Mergès, à condition qu'il y entretiendrait une manufacture. Une partie de l'immeuble était occupée par la filature, et le reste servait de résidence au lieutenant-général des armées du Roi, qui était alors M. le comte Lion. M. Mergès rétrocéda très volontiers la propriété au Gouvernement pour 260,000 fr., par acte du 17 février 1828.

il succomba le 15 juillet 1832, après avoir laissé au Grand Séminaire tout ce qu'il possédait.

Ses obsèques eurent lieu le 17 du même mois dans la chapelle du Grand Séminaire. Après la messe, célébrée par M. l'abbé Loisson de Guinaumont, vicaire général, sa dépouille mortelle fut transportée à Saint-Memmie, pour être inhumée, selon son désir, dans le cimetière de cette paroisse, à côté de M. l'abbé Henriet, son collaborateur et son ami. Une croix en fer, sans inscription, indique encore aujourd'hui le lieu où repose cet homme de bien, ce prêtre vertueux que le clergé, formé par ses leçons et ses exemples, a toujours entouré de la vénération la plus profonde.

Châlons. imp. T. Martin.

www.ingramcontent.com/pod-product-compliance
Lightning Source LLC
Chambersburg PA
CBHW061645060726
47597CB00005B/2070